BEI GRIN MACHT SICH IHR WISSEN BEZAHLT

Erik Haufe

Arbeitsweise und Einfluss der Ratingagenturen auf die europäische Politik und auf die Kursentwicklung griechischer Staatsanleihen

GRIN Verlag

Bibliografische Information der Deutschen Nationalbibliothek:

Die Deutsche Bibliothek verzeichnet diese Publikation in der Deutschen National-
bibliografie; detaillierte bibliografische Daten sind im Internet über http://dnb.d-
nb.de/ abrufbar.

Impressum:

Copyright © 2012 GRIN Verlag GmbH
Druck und Bindung: Books on Demand GmbH, Norderstedt Germany
ISBN: 978-3-656-37296-7

Dieses Buch bei GRIN:

http://www.grin.com/de/e-book/209413/arbeitsweise-und-einfluss-der-ratingagen-
turen-auf-die-europaeische-politik

GRIN - Your knowledge has value

Der GRIN Verlag publiziert seit 1998 wissenschaftliche Arbeiten von Studenten, Hochschullehrern und anderen Akademikern als eBook und gedrucktes Buch. Die Verlagswebsite www.grin.com ist die ideale Plattform zur Veröffentlichung von Hausarbeiten, Abschlussarbeiten, wissenschaftlichen Aufsätzen, Dissertationen und Fachbüchern.

Besuchen Sie uns im Internet:

http://www.grin.com/

http://www.facebook.com/grincom

http://www.twitter.com/grin_com

Arbeitsweise und Einfluss der großen Ratingagenturen auf die europäische Politik am Beispiel der Ratings und deren Beeinflussung auf die Kursentwicklung griechischer Staatsanleihen

Erik Haufe

1. Inhaltsverzeichnis

Inhalt

2. Einleitung

Seit geraumer Zeit finden Ratingagenturen als Thema Einzug in die politische und gesellschaftliche Debatte über das Agieren des Finanzmarktes und seiner Institutionen und Akteure im gesellschaftlichen System. Ratingagenturen bewerten die Wettbewerbsfähigkeit von Unternehmen, Versicherungen, Banken aber auch ganzen Staaten. Bei ihrer Skalierung lassen sie die unterschiedlichsten Aspekte in ihre Notenfindung mit einfließen. Die drei größten Ratingagenturen sind dabei Standard & Poor's, Moody's und Fitch Ratings. Diese drei Unternehmen generieren mehr als 90 Prozent des Jahresumsatzes von Ratingagenturen, weshalb man sie auch als die *Big Three* bezeichnet, wobei Fitch mit einem Umsatz von circa 15 Prozent des Weltmarktes an leicht zurückgestellter Stelle steht.

Im Laufe der Zeit entwickelte sich große Kritik in die Richtung der Ratingagenturen, da man die Einflussnahme der Benotungen auf den internationalen Finanzmarkt befürchtet. Der New York Times Kolumnist Thomas Friedman erklärte dazu 1996:

> "There are two superpowers in the world today, there's the United States and there's Moody's Bond Rating Service. The US can destroy you by dropping bombs, and Moody's can destroy you by downgrading your bonds. And believe me, it's not clear sometimes who's more powerful.' "[1]

Erstmals große Beachtung wurde den Unternehmen nach der Finanzkrise 1997 in Asien zuteil, nach der die Rolle und der Einfluss der Agenturen auf die Finanzwelt genauer untersucht wurden. Dabei wurden verschiedene Probleme seitens der Methodik, der Struktur und der Folgen der Ratings erkannt. So können negative wie positive Wertungen einen Dominoeffekt auslösen, der durch andere Agenturen verstärkt wird; die Chancen zum Einstieg neuer Agenturen ist durch die hohen Barrieren, die durch nationale oder internationale Institutionen wie beispielsweise die *SEC (Securities and Exchange Commission)* auferlegt werden, nur schwer realisierbar; beantragte Ratings, durch die die Agenturen ihren Gewinn erwirtschaften kann einen Interessenskonflikt auslösen im Vergleich zu nicht beantragten Ratings. In einer Studie von Ratings bei Unternehmen aus 15 verschiedenen Ländern wurde festgestellt, dass beauftragte Ratings im Schnitt bessere Bewertungen erhielten, als Ratings ohne Auftrag. Außerdem kann eine Herabstufung eines

---

[1] http://www.guardian.co.uk/commentisfree/cifamerica/2011/aug/05/us-credit-rating-downgraded-moodys [06.03.2012].

Staates die Wettbewerbsfähigkeit der inländischen Unternehmen schwächen und hat starken Einfluss auf die nationale Börse.[2]

Ein weiterer Kritikpunkt ist die Bewertung an sich. Im Fall der Bank *Lehman Brothers* wurden deren Anlagen noch bis zuletzt als sicher eingestuft und somit den Investoren geraten, ihr Geld bei der kurz vorm Bankrott stehenden Bank anzulegen. Ebenfalls im Fall einer Anlagenausgabe der IKB Deutschen Industriebank im Jahr 2007 hatten sich die Agenturen getäuscht und die Anleger mussten 2008 einen Verlust von 45 Prozent hinnehmen. Daraufhin begann das Bundesgericht New York ein Anklageverfahren gegen die Agenturen Standard & Poor's und Moody's sowie gegen die IKB.[3]

Nach der Vereinbarung *Basel II* wurde festgelegt, dass Unternehmen und Staaten, die über kein eigenes Rating verfügen, bei einer Kreditvergabe automatisch mit einem Risikokredit belegt, der ungefähr bei der Benotung von BBB+ bis BB- der Agentur Standard & Poor's für bewertet Emittenten entspricht. Dadurch werden Unternehmen und Staaten dazu genötigt, ein Rating zu beauftragen, um eine bessere Ratingeinstufung zu erhalten. Dadurch steigt wiederum die Abhängigkeit von den großen Ratingagenturen.[4]

In der folgenden Arbeit soll dargestellt werden, wie und mit welcher Skala die drei großen Ratingagenturen, Moody's, Standard & Poor's und Fitch Ratings ihr Benotungen durchführen und wie sich die unterschiedliche Bewertung von ihnen darstellt. In dem Ablauf der Finanzkrise am Beispiel Griechenlands soll gezeigt werden, wie die Herabstufungen griechischer Anleihen vorangeschritten sind und wie diese verschlechterten Ratings den Kursverlauf der griechischen Anleihen beeinflusst oder gar diktiert haben. Inwiefern hatten die Herabstufungen der großen Agenturen kurz- und mittelfristig Anteil an den Wertverlusten oder waren sie nur ein Baustein in der immer weiter voranschreitenden finanziellen Krise des Mittelmeerstaates.

---

[2] Vgl. ROSENBAUM, Jens: Der politische Einfluss von Ratingagenturen; Wiesbaden 2009 Seite 32f.
[3] Vgl. http://www.focus.de/finanzen/news/griechenland-krise-zweifel-an-rating-agenturen_aid_502885.html [Letzte Einsicht: 16.03.2012].
[4] Vgl. http://wirtschaftslexikon.gabler.de/Definition/basel-ii.html [Letzte Einsicht: 16.03.2012].

3. Die drei bedeutendsten Ratingagenturen

Die ersten Versuche ein Rating für wirtschaftliche Unternehmen zu begründen, wurden in den 1860er Jahren von dem amerikanischen Ökonom und Finanzanalyst Henry Varnum Poor unternommen. Börsenhändler der amerikanischen Börse des 19. Jahrhunderts handelten im besonderen Maß mit Wertpapieren der Eisenbahnlinien und mussten oft mit extremen Gewinnschwankungen rechnen, die sie häufig in den Bankrott führten. Poor erstellt ein Nachschlagewerk, dass die jeweiligen finanziellen Verfassungen der Unternehmen wiederspiegelte und aktualisierte diese Auflistung jedes Jahr von Neuem. Seine Publikation erlangte schnell hohe Bekanntheit und Poor verdiente durch seine Idee eine Menge Geld. Seine Ratings wurden dabei schnell zum Standardwerk und andere Ratingagenturen wurden gegründet. Im Jahr 1909 gründete John Moody seine Ratingagentur, die definieren sollte, wie hoch die Wahrscheinlichkeit dafür sei, dass Unternehmen ihre Schulden zurückzahlen konnten. Moody führte als erster die Klassierung der Unternehmen in den Stufen A bis D ein. Weitere vier Jahre später gründete auch John Fitch eine Ratingagentur.[5]

Diese drei, Moody's, Standard & Poor's und Fitch, sind die bedeutendsten Ratingagenturen und haben einen Marktanteil von knapp 95 Prozent aller Ratingagenturen, weshalb man sie auch *The Big Three* nennt. die ich in den folgenden Kapiteln näher beschreiben werde. Allerdings ergibt sich in den Big Three ein deutlicher Unterschied zwischen den beiden Marktführern Moody's und Standard & Poor's auf der einen und Fitch auf der anderen Seite. So haben Moody's und S&P jeweils einen Marktanteil von circa 40 Prozent, Fitch nur einen von circa 15 Prozent. Die übrigen 5 Prozent fallen auf andere Anbieter von Ratingagenturen.[6] Man kann also eine klare Dominanz der drei größten Agenturen, vielleicht sogar nur der beiden größten, Moody's und Standard & Poor's, ablesen.

Um in den Vereinigten Staaten von Amerika als Ratingagentur anerkannt zu werden wurden ab 1975 die Unternehmen verpflichtet, sich von mindestens zwei von der *United States Securities and Exchange Commission* (SEC), die die amerikanische Börsenaufsicht darstellt, bezeichneten *Nationally Recognized Statistical Rating Organization* (NRSRO) bewerten zu lassen, um auf dem amerikanischen Kapitalmarkt zugelassen werden zu können. Zu den drei

---

[5] Vgl. http://diepresse.com/home/wirtschaft/boerse/685544/Ratingagenturen_Die-Not-mit-den-Noten [Letzte Einsicht: 06.03.2012].
[6] http://de.statista.com/statistik/daten/studie/199155/umfrage/marktanteile-der-drei-grossen-ratingagenturen-weltweit/ [Letzte Einsicht: 12.03.2012].

bisher genannten Unternehmen zählen weiterhin noch *A.M. Best Company*, *DBRS*, Egan-Jones Rating Company, *Japan Credit Rating Agency*, *Kroll Bond Rating Agency*, *Rating and Investment Information* sowie *Realpoint LLC*.[7] Die Definition der NRSRO entspricht der *External Credit Assessment Institution* (ECAI) in der Europäischen Union. Bis ins Jahr 2003 waren Moody´s, Standard & Poor´s und Fitch die einzigen Ratingagenturen, die von der SEC anerkannt wurden und hatten somit für fast 30 Jahre ein Monopol auf dem Gebiet der Ratingagenturen für den amerikanischen Wertpapiermarkt.

In der ersten Hälfte der Geschichte der Ratingagenturen nahmen diese die Bezahlung von den Empfängern der Ratings entgegen und stellten den Unternehmen somit wichtige Informationen bereit, die entscheidenden Anteil an einer Investition haben konnte. Seit den 70er Jahren des 21. Jahrhunderts war es allerdings so, dass von nun an die Emittenten von Anleihen die Ratingagenturen je nach Volumen der zu bewertenden Anleihe bezahlen mussten, da man in den Vereinigten Staaten von Amerika nun nur noch an der Börse gehandelt werden konnte, wenn man von mindestens zwei der von der amerikanischen Börsenaufsicht (SEC) genehmigten offiziellen Ratingagenturen bewertet wurde.[8] Heute bewerten Ratingagenturen "ca. 80% des umfassenden Weltkapitals"[9]. Dabei gibt es allerdings Unterschiede. Ein Unternehmen oder ein Land kann wählen, ob es ein Rating bei der jeweiligen Agentur in Auftrag gibt, dies ist mit hohen Kosten verbunden, stellt allerdings die Ausführlichkeit aufgrund der Zusammenarbeit der beiden Parteien sicher. Auf der anderen Seite kann ein Rating selbstständig von den Agenturen erstellt werden, diese nehmen dabei allerdings kein Geld ein und müssen die Benotung mit externen Informationen erstellen, die oft nicht vollständig sind.

3.1.   Moody´s

John Moody (1868 - 1958) war ein amerikanischer Finanzanalyst und Investor der ein Darstellungsverfahren für Finanzanleihen entwickelte, die er 1900 unter der Bezeichnung *Moody's Manual of Industrial and Miscellaneous Securities* (später abgelöst durch *Moody's Manual of Railroads and Corporation Securities* und *Moody's Analyses of Investments*)

---

[7] Vgl. http://www.sec.gov/answers/nrsro.htm [Letzte Einsicht: 06.03.2012].
[8] Vgl. http://www.sec.gov/ [Letzte Einsicht: 06.03.2012].
[9] ENGELMANN, Susann: Rating-Agenturen: Ein Überblick; München 2009, Seite 5.

veröffentlichte. Diese beinhaltete Finanzdaten über Institutionen, Minen, Fabriken und Unternehmen und war nach wenigen Wochen restlos ausverkauft. Jährlich wurden die Daten in seiner Auflistung aktualisiert. Nach dem Börsencrash 1907 musste Moody sein Unternehmen aufgrund fehlender Kapitaleinlagen verkaufen.[10]

1909 gründete er seine eigene Ratingagentur, *Moody´s*, mit der neuartigen Idee die Rentabilität, Besitzstände und Kapitalanlagen von Unternehmen nicht nur simpel darzustellen, sondern den potenziellen Investoren auch eine Risikoanalyse bereitzustellen. So sollten die Eisenbahnunternehmen und deren Sicherheiten überprüft und die Qualität einer potenziellen Investition geprüft werden. Er führte das Ratingsystem mit Buchstaben ein, das er von dem schon vorhandenen und jahrelang praktizierten Kreditrating übernahm. Am 01. Juli 1914 wurde Moody´s als Kapitalunternehmen eingetragen und beurteilte bis 1924 fast 100 Prozent der amerikanischen Anleihen, die gegen Bezahlung von den Unternehmen eingesehen werden konnten. In den 70er Jahren des 20. Jahrhunderts erweiterte Moody´s seine Ratings auch auf den kommerziellen Handelsmarkt und die Bankanlagen. Des Weiteren nahm Moody´s ab diesem Zeitpunkt nicht mehr Gebühren von den Investoren sondern den Ausgebern der Wertpapiere, den Emittenten. 1975 wurde das Unternehmen von der *United States Securities and Exchange Commission* (SEC), der amerikanischen Börsenaufsicht, als *Nationally Recognized Statistical Rating Organization* (NRSRO) zertifiziert, was eine offizielle Anerkennung des Unternehmens als Ratingagentur für den amerikanischen Börsenmarkt bedeutete.[11] Heute sind insgesamt 10 Unternehmen als offizielle NRSRO von der SEC anerkannt.[12]

Heute bewertet Moody´s nach eigenen Angaben "110 countries, 11,000 corporate issuers, 22,000 public finance issuers [and] 94,000 structured finance obligations"[13], generiert Einnahmen von circa 2,1 Milliarden Dollar und hat 6.100 Angestellte[14], was das Unternehmen zu einem der größten Ratingagenturen der Welt macht (hinter Standard & Poor´s).

---

[10] Vgl. http://www.moodys.com/Pages/atc001.aspx [Letzte Einsicht: 06.03.2012].
[11] Vgl. http://www.moodys.com/Pages/atc001.aspx [Letzte Einsicht: 06.03.2012].
[12] Vgl. http://www.sec.gov/answers/nrsro.htm [Letzte Einsicht: 06.03.2012].
[13] http://www.moodys.com/Pages/atc002.aspx [Letzte Einsicht: 06.03.2012].
[14] Vgl. http://www.moodys.com/Pages/atc003.aspx [Letzte Einsicht: 06.03.2012].

3.1.1.   Ratingkriterien bei Moody´s

Als Bewertungsgrad definiert Moody´s Banken, Unternehmen oder Staaten nach Buchstaben von **Aaa** (highest quality, minimal credit risk), **Aa** (high quality, low credit risk), **A** (upper-medium quality, low credit risk), **Baa** (moderate credit risk, speculative characteristics), **Ba** (speculative elements, substantial credit risk), **B** (speculative, high credit risk), **Caa** (poor standing, very high credit risk), **Ca** (highly speculative, in default with some prospect for recovery) und **C** (lowest rate class, default). Die Klassen Aa bis Caa besitzen dabei noch eine weitere Unterteilung jeweils mit den Ziffern 1, 2 und 3, was weitere Abstufungen erlaubt (beispielsweise ist Ba1 ein besseres Rating als Ba3 usw.). Eine größere Einteilung der verschiedenen Bewertungen ist die Klassifizierung in *Prime-1* (Aaa - A3), *Prime-2* (A2 - Baa2), *Prime-3* (Baa2 - Baa3) sowie *Not Prime* (Ba1 - C), sodass insgesamt 21 Klassen entstehen, die in 4 Hauptgruppen unterteilt sind.[15] Diese Prime-Klassifizierungen gelten allerdings hauptsächlich nur für die Ratings von kurzfristigen Verbindlichkeiten, wenn nicht anders vereinbart, von maximal 13 Monaten.[16]

Moody´s unterteilt sein Rating in dem Bereich der Unternehmens- und Anleihenanalyse in vier Teilbereiche (Finanzrisiko, Wettbewerb- und Geschäftsrisiko, Rechtliche Struktur und rechtliches Risiko sowie Managementqualität) um alle Sektoren eines Unternehmens oder eines Staates prüfen zu können. Dabei besteht der Aspekt des Finanzrisikos aus den Bereichen Cashflow, Liquidität, Schuldenstruktur sowie Eigenkapital und Reserven; Wettbewerbs- und Geschäftsrisiko aus Marktanteil & Geschäftsrisiko, Diversifikation, Umsatz, Kosten & Ergebnisse sowie Warenverkauf und Einkauf; aus Konzernkonsolidierung im Bereich der rechtlichen Struktur und den Teilen Planung und Controlling, Erfahrungshintergrund, Organisationsstruktur und Unternehmensnachfrage im Bereich der Managementqualität.[17]

Auf Seiten der Länderratings legt Moody´s Wert auf andere Faktoren, so wird ein Länderrating in drei Hauptbereiche unterteilt:

"1. Freiheitsgrad unternehmerischer Betätigung auf dem zu beurteilenden Auslandsmarkt, 2. Grundsätzliche Voraussetzungen für eine Betätigung auf dem zu

---

[15] Vgl. http://www.moodys.com/researchdocumentcontentpage.aspx?docid=PBC_79004 [letzte Einsicht: 06.03.2012].
[16] Vgl. http://www.dp-dhl.com/content/dam/dpdhl/investoren/de/investoren/creditor_relations/rating/dp-dhl_moody_rating_de.pdf [Letzte Einsicht: 08.03.2012].
[17] Vgl. http://opus.kobv.de/ubp/volltexte/2008/2183/pdf/Reichard_I_btr08.pdf [Letzte Einsicht: 08.03.2012].

beurteilenden Markt, 3. Volkswirtschaftliche Rahmenbedingungen und deren Entwicklungstendenzen"[18].

Diese einzelnen Oberbegriffe werden durch Unterbegriffe weiter terminiert. So setzt sich der Freiheitsgrad aus dem Zugang zum inländischen Markt für ausländische Investoren, dem Freiheitsgrad des Marktes, gesonderten Bestimmungen, Verordnungen und Auflagen für Auslandsinvestoren, der Möglichkeit der Beschäftigung für Ausländer, der Rechtssicherheit innerhalb des Staates und der Im- und Exportpolitik sowie der Liberalität des jeweiligen Landes zusammen. Die grundsätzlichen Voraussetzungen definieren sich durch Umweltschutzmaßnahmen, die Stabilität des jeweiligen politischen Systems, das Verkehrs- und Kommunikationssystem, das Arbeitsklima und den sozialen Frieden, das Pro-Kopf-Einkommen, die Energieverfügbarkeit und den Staat in der seiner Funktion als Wirtschaftspartner. Die wirtschaftlichen Rahmenbedingungen werden charakterisiert durch die internationale Zahlungsbilanz der vergangenen Jahre, die wirtschaftliche Belastung durch Importe von Energieträgern, die Währungskonvertibilität (Umtauschfähigkeit der jeweiligen Währungen in andere Zahlungsmittel), das Wirtschaftswachstum und die Wachstumsprognosen sowie die Inflation der letzten beiden Jahre. Diese Faktoren setzen die Endwertung eines jeweiligen Staates in den Wertungen von Triple-A bis C zusammen.[19]

3.2. Standard & Poor´s

Die Geschichte der Ratingagentur geht bis in die 60er Jahre des 19. Jahrhunderts zurück als Henry Varnum Poor (1812 - 1905, Finanzanalyst), später der Begründer von Standard & Poor´s, seine *History of Railroads and Canals in the United States* veröffentlichte, die eine Auflistung der finanz- und betriebswirtschaftlichen Lage der Unternehmen der amerikanischen Eisenbahngesellschaften beinhaltete und den Vorgänger seiner späteren Publikation (*Manual of the Railroads of the United States*) darstellte. Dieser im Jahr 1968 veröffentlichte Leitfaden, den er zusammen mit seinem Sohn (Henry William Poor, 1844 - 1915) nach der gemeinsamen Gründung seiner Firma *H.V. and H.W. Poor Co.* Innerhalb weniger Monate wurden alle 2.500 gedruckten Exemplare, die je aus 442 Seiten bestanden

---

[18] http://wirtschaftslexikon.gabler.de/Definition/laenderrating.html [Letzte Einsicht: 05.03.2012].
[19] Vgl. http://wirtschaftslexikon.gabler.de/Definition/laenderrating.html [Letzte Einsicht: 08.03.2012].

und 5 US-Dollar kosteten, verkauft. Das Handbuch wurde jährlich aktualisiert und veröffentlicht um den Kunden eine Möglichkeit zum Verfolgen der Entwicklung eines Unternehmens zu gewährleisten. Ab 1906 veröffentlichte der amerikanisch Ökonom Luther Lee Blake (1874 - 1953) mit seiner Firma *Standard Statistics* Karten mit Neuerungen zu Unternehmensentwicklungen die eine genauere und aktuellere Darstellung von Unternehmen boten. In der Zwischenzeit kaufte der Amerikaner Roy W. Porter *Moody's Manual*, fusionierte diese 1919 mit *Poor's Railroad Manual Co.* und gab der entstandenen Firma den Namen *Poor's Publishing Co.* Ab 1922 begannen Poor's Publishing und Standard Statistics gemeinsam Anleihen zu analysieren und zu bewerten. 1923 begann die Poor's einen wochenweise erscheinenden Index zu veröffentlichen, der 233 amerikanische Unternehmen umfasste und deren Entwicklungen aufzeigen sollte. Weitere drei Jahre später wurde der erste Index erstellt, der 90 amerikanische Unternehmen täglich bewertete. 1941 fusioniert Standard Statistics mit Poor's Publishing zu *Standard & Poor's Corporation* (*S&P*) mit dem ersten Präsidenten, Clayton A. Penhale. Im selben Jahr gab S&P einen *Bond Guide* heraus, der 7.000 Anleihen auflistete und diese beurteilte. Im Laufen der Zeit wuchs das Unternehmen immer weiter und hatte in den 1950er Jahren einen Marktanteil von über 50 Prozent bei einer Angestelltenzahl von über 600. Im Jahr 1957 gründete das Unternehmen den *Standard & Poors Index 500* (auch *S&P 500* oder *Standard & Poor's 500*), dieser umfasst die 500 größten an der Börse notierten Unternehmen der Vereinigten Staaten von Amerika und ist noch heute einer der wichtigsten Aktien-Indizes der Welt. 1962 wurde die Agentur ein börsennotiertes Unternehmen und die Aktien an der New Yorker Börse gehandelt. Nachdem Standard & Poor's 1966 von der Unternehmensgruppe *McGraw-Hill Companies* aufgekauft wurde, wurde es 1976 in der von der amerikanischen Börsenaufsicht (SEC) in die Liste der Nationally Recognized Statistical Rating Organization (NRSRO) aufgenommen und ist somit eine der heutigen zehn, von der amerikanischen Börsenaufsicht offiziellen anerkannten Ratingagenturen (siehe 3. Die drei bedeutendsten Ratingagenturen). Nach der Annahme als amtliche Agentur expandierte das Unternehmen auch nach Europa, es war die erste große Ratingagentur mit einem Büro in London mit dem Ziel die europäischen Märkte zu bewerten (1982), und Japan, wo Standard & Poor's 1986 ein eigenes Büro eröffnete, im Laufe der Jahre folgten eigene Büros in weiteren insgesamt 20 Staaten, das Frankfurter Büro wurde 1992 gegründet. In den 1990er Jahren expandierte das Unternehmen auf dem globalen Markt weiter, gründete Niederlassungen in Kanada, Mexiko, Hongkong, Singapur, Argentinien, Brasilien und Russland und erschloss neue Standorte in den USA. Nach den Anschlägen des 11. Septembers 2001 analysierte Standard & Poor's innerhalb von nur 24 Stunden die

Stabilität der Volkswirtschaften und Märkten der Vereinigten Staaten von Amerika sowie weiterer Staaten weltweit. Seit 2008 befindet sich auch ein Büro der Ratingagentur in Dubai und die Zahl der Angestellten ist mittlerweile auf über 6.000 gestiegen die sich auf insgesamt 20 Länder rund um den Globus verteilen und macht Standard & Poor's somit zu einer der größten Ratingagenturen weltweit.[20] Im Jahr 2010 erreichte das Unternehmen einen Umsatz von 2,9 Milliarden Dollar [21] und ist damit die umsatzstärkste Ratingagentur der Welt.

3.2.1. Ratingkriterien bei Standard & Poor's

Standard & Poor's bildet sein Rating ähnlich wie Moody's durch alphabetische Ordnung. Allerdings gibt es kleine Unterschiede in den Bezeichnung der Klassifikationen. Die höchste Kreditwürdigkeit von Staaten ist bei einer Bewertung von **AAA** (höchstmögliche Bonität, wenig Risiko auf Ausfall) gegeben, die weiteren Abstufungen sind **AA** (sichere Anlage, kaum Ausfallrisiko), **A** (sichere Anlage, spekulativer als AAA und AA), **BBB** (durchschnittliche Anlage, bei schlechterer Marktlage ist mit Ausfällen zu rechnen), **BB** (signifikant spekulativ, mit Ausfällen ist zu rechnen), **B** (hochspekulativ, Ausfälle wahrscheinlich), **CCC** (hohes Ausfallrisiko, nur bei guter Entwicklung geringere Ausfallrisiken) **CC** (höchstspekulativ, sehr hohe Wahrscheinlichkeit auf Zahlungsausfall oder Insolvenz), **C** (Zahlungsausfall oder Insolvenz wahrscheinlich), **SD** (selective default, teilweiser Zahlungsausfall) sowie **D** (Zahlungsausfall oder Zahlungsverzug).[22] Bei den Bereichen CCC, CC und C werden bei Standard & Poor's keine großen Unterscheidungen gemacht, da diese Anlagen alle höchstspekulativ sind und mit Ausfällen zu rechnen ist. Die Kategorien AA, A, BBB, BB, B sowie CCC sind weiterhin unterteilt in "+", "neutral" und "-", sodass sich der beispielsweise der Bereich *AA* in AA+, AA und AA- unterteilt.[23] Diese Einteilungen gelten für die

---

[20] Vgl. http://www.standardandpoors.com/about-sp/timeline/ [Letzte Einsicht: 05.03.2012].
[21] http://www.sueddeutsche.de/geld/wie-ratingagenturen-arbeiten-daumen-runter-panik-hoch-1.1125597 [Letzte Einsicht: 10.03.2012].
[22] Vgl. http://www.standardandpoors.com/servlet/BlobServer?blobheadername3=MDT-Type&blobcol=urldata&blobtable=MungoBlobs&blobheadervalue2=inline%3B+filename%3Dunderstanding_ratings_definitions.pdf&blobheadername2=Content-Disposition&blobheadervalue1=application%2Fpdf&blobkey=id&blobheadername1=content-type&blobwhere=1243834063620&blobheadervalue3=UTF-8 [Letzte Einsicht: 09.03.2012].
[23] Vgl. http://wirtschaftslexikon.gabler.de/Definition/standard-poor-s.html [Letzte Einsicht: 09.03.2012].

sogenannten "Long-term-Ratingklassen"[24], die "Long-term-Ratingklassen"[25] erfolgt in der Regel für Investitionen von mindestens 12 Monaten.

Bei Unternehmen werden die zu analysierenden Faktoren in die Bereiche Finanzrisiko (Finanzpolitik, Kapitalstruktur, Finanzielle Flexibilität, Finanzergebnis, Bilanz und Gewinn- und Verlustrechnung, sowie Cashflow) und Geschäftsrisiko (Wettbewerbssituation, Management und Branchenzugehörigkeit) untergliedert.[26]

Um die Situation von Staaten und deren nationalen Märkten zu bewerten legt Standard & Poor's die gleiche Grundlage wie Moody's an, das heißt, dass der jeweilige Markt in drei Betrachtungskategorien unterteilt wird (Freiheitsgrad, Grundsätzliche Voraussetzungen und Volkswirtschaftliche Rahmenbedingungen) [siehe 3.1.1 Ratingkriterien bei Moody's].

3.3.   Fitch

Die Ratingagentur Fitch Ratings gehört mit einem Marktanteil von ungefähr 15 Prozent und ist somit die drittgrößte Ratingagentur der Welt. Sie hat Büros in 51 Ländern weltweit (Sitz des deutschen Büros: Frankfurt am Main), wobei die es eine Zweiteilung des Hauptsitzes auf New York und London gibt, und beschäftigt insgesamt über 2000 Mitarbeiter.[27]

Die Geschichte der Ratingagentur Fitch geht ähnlich wie die der beiden anderen großen Agenturen auf die Zeit zu Anfang des 20. Jahrhunderts zurück als der Amerikaner John Knowles Fitch am 24. Dezember 1913 *Fitch Publishing Company* in New York gründete. Seine Firma arbeitete zuerst als Herausgeber von wirtschaftlichen Statistiken zur Analyse von börsennotierten Unternehmen, die in den Publikationen "'Fitch Bond Book' and the 'Fitch Stock and Bond Manual'"[28] dargestellt wurden. 1924 führte die Ratingagentur dann die bekannte Bewertungsskala von *AAA* bis *D* ein, was in zu der Basis für alle Ratingagenturen geworden war. 1975 erlangte die Ratingagentur, genau wie die zwei großen Konkurrenten Moody's und Standard & Poor's die Anerkennung als National Recognized Statistical Rating Organization (NRSRO) durch die amerikanische Wertpapier- und Börsenaufsicht SEC. Diese

---

[24]   http://wirtschaftslexikon.gabler.de/Definition/standard-poor-s.html [Letzte Einsicht: 09.03.2012].
[25]   http://wirtschaftslexikon.gabler.de/Definition/standard-poor-s.html [Letzte Einsicht: 09.03.2012].
[26]   Vgl. http://opus.kobv.de/ubp/volltexte/2008/2183/pdf/Reichard_I_btr08.pdf [Letzte Einsicht: 10.03.2012].
[27]   Vgl. http://www.fitchratings.com/web/en/dynamic/about-us/about-us.jsp [Letzte Einsicht: 13.03.2012].
[28]   http://fitchratings.com.tw/en/about/history.html [Letzte Einsicht: 13.03.2012].

3 Agenturen waren bis 2003 auch die einzigen, die eine solche Anerkennung errangen. 1997 fusionierte Fitch mit der britischen Ratingagentur *IBCA Ltd.* und kaufte 2000 die amerikanisch Ratingagentur *Duff & Phelps* und die Ratingsparte von *Thomson BankWatch*.[29] Fitch ist heute im Besitz (2/3 Mehrheit) des französischen Unternehmens *Fimalac*.[30]

3.3.1. Ratingkriterien bei Fitch

Die von Fitch 1924 eingeführte Bewertungsskala von AAA bis D ist von der Deklarierung her die gleiche wie bei Standard & Poor's, es gibt nur geringe Abweichungen in deren Bedeutung. Die höchste Stufe des Ratings ist die Note **AAA** (höchste Bonität, sehr geringe Ausfallchance), unter der höchsten Stufe staffeln sich die Bewertungen wie folgt: **AA** (sichere Anlage, geringes Ausfallrisiko), **A** (sichere Anlage, niedrige Chance auf Ausfall), **BBB** (durchschnittliche Anlage, mittlere Chance auf Ausfälle), **BB** (spekulative Anlage, mit Ausfällen kann gerechnet werden), **B** (sehr spekulative Anlage, hohe Chance auf Ausfälle), **CCC** (hochspekulative Anlage, Ausfall ist wahrscheinlich), **CC** (höchstspekulative Anlage, bestimmte Ausfälle sind sehr wahrscheinlich), **C** (höchstes Risiko von Ausfällen, Zahlungsausfall kurz bevor), **RD** (restricted default, teilweiser Zahlungsausfall) und **D** (Zahlungsausfall [Definiert durch: Nichterfüllung der Zahlung von Kapital oder Zinsen; Eröffnung eines Konkursverfahrens oder Insolvenzverwaltung; Begleichung der Verpflichtungen einem Gläubiger gegenüber mit vermindertem wirtschaftlichen Wert um einen Zahlungsausfall zu vermeiden). Seit 1971 unterteilt Fitch seine Ratings in manchen Klassen (AA, A, BBB, BB und B) noch mit "+" und "-", sodass Die Bewertungsebene der Stufe AA aus folgenden Unterklassifizierungen besteht: AA+, AA sowie AA-. Diese Einteilung gilt, wie bei den anderen beiden großen Ratingagenturen jedoch nur für Long-Term Ratings, diese sind in der Regel länger als 12 Monate. Die Einteilungen für Short-Term Ratings sind **F1+** (AAA bis A+), **F1** (A+ bis A-), **F2** (A- bis BBB), **F3** (BBB und BBB-), **B** (BB+ bis B-), **C** (CCC bis C) sowie **D** (D).[31]

---

[29] Vgl. http://www.fitchratings.de/about.php [Letzte Einsicht: 13.03.2012].
[30] Vgl. http://www.ndr.de/info/programm/sendungen/reportagen/ratingagenturen135.html [Letzte Einsicht: 13.03.2012].
[31] Vgl. http://www.fitchratings.com/web_content/ratings/fitch_ratings_definitions_and_scales.pdf [Letzte Einsicht: 13.03.2012].

4. Das Rating von Staaten

Der Grund für diese Ratings soll darin bestehen, dass potenzielle Investoren frühzeitig absehbare Risiken genau einschätzen können und gegebenenfalls auf Veränderungen reagieren können. Gerade die langfristigen Entwicklungen können dabei wichtige Einblicke geben und auf zukünftige Umgestaltungen schließen lassen, die Ratings sollen eine "Reduktion der Komplexität von Informationen durch Umwandlung dieser, in eine für Anleger verständliche Form"[32] bringen. Gerade im Vergleich mit anderen Staaten der gleichen Region können dadurch wesentliche Unterschiede und darüber hinaus Vorteile beziehungsweise Nachteile eines Standortes erkannt werden. Allerdings können diese Ratings nur auf einen globale Markt angewendet werden, da sich die Situation auf den verschiedenen wirtschaftlichen Teilsektoren und einzelnen Branchen doch stark unterscheiden kann. Allerdings erhalten Unternehmen durch die Ratings wichtige Anhaltspunkte für ein mögliches Engagement in dem betreffenden Land oder der betreffenden Region aufgrund politischer, sozialer, rechtlicher und ökonomischer Faktoren. Wie genau diese Ratings auch im Vergleich zu anderen Staaten im Speziellen betrieben wird, ist ein Geheimnis, da die Transparenz solcher Ratings sehr gering von Seiten der Unternehmen ist. Für den Direktor des Hamburgischen WeltWirtschaftsInstituts (HWWI), Prof. Dr. Thomas Straubhaar, ist die Vorgehensweise der Agenturen undurchsichtig, da sie zum Schutz ihrer Betriebsgeheimnisse "weder die Gewichtung der einzelnen Faktoren und verwendeten Kriterien bekannt [geben], noch die konkreten Daten und statistischen Methoden, auf denen die Bewertung eines Unternehmens oder eines Staates dann zustande kommt"[33].

4.1. Das Prinzip der Staatsanleihen

Eine Staatsanleihe ist im Prinzip ein ausgegebener Schuldschein. Das jeweilige Land vergibt Schuldscheine beispielsweise im Wert von 7 Milliarden Euro. Diese 7 Milliarden werden in kleinere Beträge aufgeteilt, die dann verkauft werden. So entstehen als Beispiel 7 Millionen Schuldscheine zu einem jeweiligen Wert von 1.000 Euro. Nehmen wir an, dass diese Anleihe

---

[32] ANDRIEU, Patrick: Ratingagenturen in der Krise: Über die Einführung von Qualitätsstandards für Ratings durch die Europäische Union; Frankfurt am Main 2010, Seite 27.
[33] http://www.boerse.ard.de/content.jsp?key=dokument_599012 [Letzte Einsicht: 16.03.2012].

mit einem Zinssatz von 5 Prozent ausgeschrieben ist, so erhält der Käufer jedes Jahr zu einem festgelegten Datum 5 Prozent Zinsen des Grundwertes ausgezahlt. Dazu wird durch den Börsenhandel der Wert der Anleihe in Prozentzahlen festgelegt, als Grundwert dient dabei der Wert von 100 Prozent (*pari*). Handelt es sich um eine sehr starke Anleihe mit erwartet sicherer Zins- und Rückzahlung so steigt der Wert über 100 Prozent (*Agio*). Ist die Anleihe mit einem hohen Risiko behaftet, so geht der Wert nach unten (*Disagio*), bei normalen Umständen allerdings nur um wenige Prozentpunkte. Dieser Wert entscheidet am Anfang der Laufzeit der Anleihe, wie viel Geld man für eine Anleihe bezahlen muss. Befindet sich die Anleihe bei einem normalen Kurs von 100 Prozent, einem Nennwert von 1.000 Euro (der Kauf der Anleihe kostet somit 1.000 Euro) und 5 Prozent Zinsen bei einer Laufzeit von 10 Jahren, so erhält der Käufer jedes Jahr zu dem festgelegten Zeitpunkt 5 Prozent Zinsen, was einem jährlichen Wert von 50 Euro bedeutet. Innerhalb von 10 Jahren entstehen also insgesamt Zinsen von 500 Euro. Da am Ende der Anleihe der Nennwert ausgezahlt wird, hat der Käufer nach 10 Jahren 1.500 Euro durch seine Anleihe erhalten, was einer Rendite von 500 Euro auf zehn Jahre entspricht. Verändert man allerdings eine dieser Variablen, beispielsweise den prozentualen Kurswert auf 110 Prozent oder 90 Prozent, so beläuft sich der Preis für eine Anleihe auf 1.100 Euro (bei 110 Prozent) beziehungsweise 900 Euro (bei 90 Prozent). Bei gleichem Zinssatz wäre die Rendite in dem ersten Beispiel 400 Euro (1.100 Euro Erwerbspreis, 500 Euro Zinsen, 1.000 Euro Auszahlung) und im Zweiten 600 Euro (900 Euro Erwerbspreis, 500 Euro Zinsen, 1.000 Euro Auszahlung). [34] Werden die Staatsanleihen von Unternehmen von Ratingagenturen als unsicher und mit einem hohen Ausfallrisiko behaftet bewertet, so senkt sich die Kurswert unter 100 Prozent und ist somit im Vergleich zu anderen Staatsanleihen billiger für den Käufer. Dies entsteht dadurch, dass die Nachfrage nach diesen Anlagen immer weiter sinkt, je schlechter die aktuelle Bewertung ist. Dadurch ist das Land, das diese Staatsanleihen ausgibt, gezwungen, ihre Anleihen für weniger Geld zu verkaufen als sie eigentlich wert sind und am Ende der Laufzeit auch wieder dafür ausgeben müssen. Für den Anbieter der Staatsanleihen hat das die Auswirkung, dass weniger Geld eingenommen werden kann als es dem realen Wert der Anleihe entspricht, weil am Ende der vereinbarten Laufzeit die volle Summe des Nennwertes wieder ausgezahlt werden muss. Bei einer hohen Nachfrage kann der Kurswert nach oben korrigiert werden, da ein hoher Absatzmarkt der Staatsanleihe entsteht. Für Investoren bieten niedrige Kurswerte die Möglichkeit einen hohen Gewinn am Ende der Laufzeit erwirtschaftet zu haben. Zwar ist die Gefahr, dass die Zahlungen nicht eingehalten werden können höher als bei einer sicheren

---

[34] Vgl. http://staatsanleihen.de/ [Letzte Einsicht: 13.03.2012].

Anleihe, allerdings ist bei Einhaltung der Vereinbarung ein wesentlich höherer Gewinn zu erwarten. Staatsanleihen mit einem hohen Kurswert auf der anderen Seite haben zwar geringere Renditen, besitzen allerdings eine wesentlich höhere Wahrscheinlichkeit der fristgerechten und vollen Auszahlung. Im Endeffekt spekulieren potenzielle Investoren allerdings auf ein Sinken der Kurse, da damit mehr Rendite erwirtschaftet werden kann, die Emittenten auf der anderen Seite hoffen, den Kurswert ihrer Anlage steigern zu können um so möglicherweise sogar die Kosten für die Zinsaufbringung decken zu können.

5. Griechenland als Ziel der Ratings

Im Laufe der aktuellen Finanzkrise kann sehr gut erkannt werden, wie die Ratingagenturen Einfluss auf die politische und wirtschaftliche Entwicklung in Europa haben. Im weiteren Verlauf der Arbeit soll gezeigt werden wie die Ratings der drei größten Ratingagenturen der Welt (Moody´s, Standard & Poor´s und Fitch) und die Kursentwicklung einer griechischen Staatsanleihe Gemeinsamkeiten in der Evolution ihrer Kurse haben.

5.1.   Ratingentwicklung Griechenlands

Die letzten knapp zweieinhalb Jahre zeigen eine immense Verschlechterung der Ratings Griechenlands an. In dieser Arbeit soll der Zeitraum von Anfang Dezember 2009 bis Anfang März 2012 betrachtet und die negative Entwicklung, die in etwas mehr als zwei Jahren entstanden ist, aufgezeigt werden.

Anfang Dezember 2009 besaßen die griechischen Staatsanleihen ein Rating bei Fitch von A-, was zwar nicht annähernd der höchsten Stufe der Bonität (AAA) entspricht, wie sie beispielsweise Deutschland vorweisen kann, verspricht aber eine sichere Anlage bei einem gering Ausfallrisiko. Am 08. Dezember 2009 stufte als erste Ratingagentur allerdings Fitch die griechischen Staatsanleihen auf BBB+ herunter, was den ersten Verlust des A-Status seit zehn Jahren entsprach und machte Griechenland zu dem am Schlechtesten bewerteten Land im Euro-Raum. Fitch begründete sein Rating mit dem immensen Haushaltsdefizit und der

sehr hohen Staatsverschuldung des Mittelmeerstaates. Fitch erklärte, dass "eine weitere Herabstufung möglich [sei]"[35].[36]

Nach Fitch stuften innerhalb des Monats Dezember 2009 auch die beiden größten Ratingagenturen Standard & Poor´s und Moody´s Griechenland herunter. Zuerst änderte Standard & Poor´s sein Rating von A- auf BBB+[37] und am 22.12.2009 Moody´s die Bewertung Griechenlands von A1 auf A2 herab. Beide Agenturen begründeten, ebenfalls wie Fitch, die Herabstufung mit der Zunahme des Haushaltsdefizits "auf 12,7 Prozent der Wirtschaftsleistung [...] und damit doppelt so groß ist wie ursprünglich angegeben"[38]. Nachdem Moody´s nach den Neueinstufungen seiner beiden Konkurrenten eine Überprüfung der Bewertung angekündigt hatte, zog auch die zweitgrößte Ratingagentur in der Bemessung nach und stufte Griechenland auf A2 herab. Allerdings sahen die Finanzmärkte in der Euro-Zone die Herabstufung dennoch als positiv an, da man "eine noch schlechtere Note erwartet"[39] hatte und befürchtet wurde, dass die Wertung gleich auf A3 herabfallen würde. Moody´s schloss, wie die anderen beiden großen Agenturen, allerdings eine weitere Senkung des Ratings nicht aus.

Im April 2010 korrigierten alle drei großen Ratingagenturen ihre Wertungen nochmals nach unten und stuften griechische Staatsanleihen demnach mit BBB- (Fitch)[40], BB+/B (Standard & Poor´s)[41] und A3 (Moody´s)[42] ein. Dies bedeutet einen starken Wertverlust, bei Fitch beläuft es sich auf eine Herabstufung um zwei Stellen, bei Standard & Poor´s um drei und bei Moody´s um eine Klasse. Als Begründung gaben alle drei Agenturen das Bestehen der hohen Staatsdefizits an. Die veröffentlichten Daten sahen ein Defizit für das Jahr 2009 von 13,6 Prozent, die griechische Regierung war bisher von einem Fehlbetrag von 12,7 Prozent ausgegangen.

Im Juni 2010 korrigierte Moody´s dann seine Wertung Griechenlands auf Ba1, was einer Herabstufung um vier Klassen bedeutet und die griechischen Staatsanleihen, ebenfalls wie die

---

[35] http://www.spiegel.de/wirtschaft/soziales/0,1518,665890,00.html [Letzte Einsicht: 10.03.2012].
[36] Vgl. http://www.faz.net/aktuell/finanzen/anleihen-zinsen/rating-abstufung-griechenland-beunruhigt-die-maerkte-1893305.html [Letzte Einsicht: 10.03.2012].
[37] Vgl. http://www.spiegel.de/wirtschaft/soziales/0,1518,667548,00.html [Letzte Einsicht: 10.03.2012].
[38] http://www.spiegel.de/wirtschaft/soziales/0,1518,667548,00.html [Letzte Einsicht: 10.03.2012].
[39] http://www.handelsblatt.com/finanzen/boerse-maerkte/anleihen/rating-moodys-straft-griechenland-milde-ab/3332502.html [Letzte Einsicht: 10.03.2012].
[40] Vgl. http://www.manager-magazin.de/finanzen/artikel/0,2828,688197,00.html [Letzte Einsicht: 10.03.2012].
[41] Vgl. http://www.faz.net/aktuell/wirtschaft/europas-schuldenkrise/griechenland-und-portugal-herabgestuft-die-schuldenkrise-verschaerft-sich-1970807.html [Letzte Einsicht: 10.03.2012].
[42] Vgl. http://www.finanzen.net/nachricht/aktien/Griechenland-Moody-s-senkt-Rating-auf-A3-778693 [Letzte Einsicht: 10.03.2012].

Wertung von Standard & Poor´s auf Ramschniveau brachte. Ramschanleihen (englisch Junk Bond) ist ein Wertpapier mit sehr geringer Bonität und einem hohen Ausfallrisiko.[43] Zwar sei die Chance einer weitere Abwertung in der kommenden Zeit nicht sehr hoch, die wirtschaftlichen Umstände drängten allerdings die Agentur ihr Rating nach unten zu korrigieren. Zwar sei durch das Rettungsprogramm eine kurzfristige Verbesserung der Lage eingetreten, die zukünftigen Risiken aber nicht absehbar.[44]

Nachdem die Abstufung Griechenlands Mitte des Jahres 2010 vorerst gestoppt wurde, fingen die drei führenden Ratingagenturen ab Januar des darauf folgenden Jahres wieder ihre Bewertungen zu verändern. Mitte Januar stufte Fitch Ratings den Mittelmeerstaat dann als erste Agentur im Jahr 2011 herunter. So wurde die neue Note auf BB+ gesenkt, was die griechischen Papiere zu Ramschanleihen machte. Zwar sei die Konsolidierung des Haushalts auf einem guten Weg, die Sparmaßnahmen müssten allerdings über Jahre hinweg greifen, um Erfolge zu erzielen. Bereits Ende 2010 hatte Fitch angekündigt, das Rating des Landes neu zu prüfen.[45] Als zweite Agentur überarbeitete Moody´s die Wertung im März und stufte griechische Anleihen um drei Stufen auf die Note B1 herab. Ebenfalls wurde betont, dass die Aussichten negativ seien und weitere Abwertungen möglich seien. Laut Moody´s sind drei Gründe ausschlaggebend für die Ratingänderung: die Umsetzung der Sparmaßnahmen sei fraglich, Einnahmeausfälle und die zu erwartenden Aufforderungen der Europäischen Union in der Folgezeit.[46]

Nach Fitch und Moody´s änderte auch Standard & Poor´s seine Wertung für Griechenland am 29. März 2011 von BB+/B auf BB-. Ebenso wie Moody´s zog auch Standard & Poor´s weitere Herabstufungen Griechenlands in Betracht.[47] Am 09. Mai des gleichen Jahres wurde dann auch die Wertung nochmals nach unten korrigiert und Griechenland mit der Ratingnote B bewertet, was einer Abwertung von zwei Stufen entspricht und die griechischen Anleihen zu extrem spekulativen Wertpapieren machte. Die Gründe dafür waren die nicht erreichte Minderung des Staatsdefizits auf 9,6 Prozent (real 10,5 Prozent), die hohe Wahrscheinlichkeit eines Zahlungsausfalls alter Anleihen und die Skepsis.[48] Und auch Fitch setzte am 20. Mai

[43] Vgl. http://wirtschaftslexikon.gabler.de/Definition/junk-bond.html [Letzte Einsicht] 05.03.2012].
[44] Vgl. http://www.faz.net/aktuell/wirtschaft/europas-schuldenkrise/ramschstatus-moody-s-senkt-griechenland-rating-1995707.html [Letzte Einsicht: 10.03.2012].
[45] Vgl. http://www.finanzen.net/nachricht/aktien/Fitch-senkt-Griechenland-Rating-auf-BB-Ausblick-negativ-1009368 [Letzte Einsicht: 10.03.2012].
[46] Vgl. http://www.spiegel.de/wirtschaft/soziales/0,1518,749412,00.html [Letzte Einsicht: 10.03.2012].
[47] Vgl. http://www.welt.de/print/die_welt/wirtschaft/article13009482/Rating-Agentur-watscht-Portugal-erneut-ab.html [Letzte Einsicht: 10.03.2012].
[48] Vgl. http://www.tagesschau.de/wirtschaft/griechenland1052.html [Letzte Einsicht: 10.03.2012].

2011 erneut seine Bewertung und stufte griechische Anleihen um drei Stufen von BB+ auf B+ herab, was mit der Schwierigkeit der Konsolidierung des Landes begründet wurde. Fitch Ratings hielt sich außerdem weitere Abstufungen offen.[49]

Im Juni und Juli 2011 stürzten die Bewertungen für griechische Staatsanleihen dann immer weiter in den Keller und erreichten zum ersten Mal die C-Stufen der drei bedeutendsten Ratingagenturen. Als erste Agentur stufte Moody´s die Anleihen um drei Noten auf das Niveau Caa1 herab (01.Juni 2011), was mit der Gefahr einer drohenden Umschuldung und schlechten Wachstumsaussichten begründet wurde. Die Anleihen befanden sich damit in der siebten Stufe des Ramschniveaus der größten Ratingagentur und bedeutete, dass nur bei einer günstigen Gesamtentwicklung Ausfälle vermieden werden können.[50] Anschließend stufte auch Standard & Poor´s Griechenland um drei Stufen auf CCC herab (13. Juli 2011], was die schlechteste Bewertung der Ratingagentur weltweit bedeutete. Umschuldungen seien sehr wahrscheinlich, so die Agentur, was in der Definition Standard & Poor´s als Zahlungsausfall angesehen wird.[51]

Im Juli 2011 folgten auch Fitch und Moody´s mit Herabstufungen in die C-Klassen. Am 12. Juli 2011 setzte Fitch das Rating um drei Stufen auf CCC herab. Dies entspricht der letzten Stufe vor einem von Fitch prognostizierten Zahlungsausfall. Die Begründung für das Rating lag in der Abwesenheit eines neuen Programms zu Finanzierung und den Zweifeln an den Rettungsbemühungen privater Gläubiger.[52] Auch Moody´s korrigierte am 25. Juli 2011 sein Rating um drei Stufen nach von Caa1 auf Ca. Griechische Anleihen würden dem Unternehmen nach unweigerlich Verluste nach sich ziehen. Allerdings gab Moody´s positive Zukunftsaussichten an, da die Finanzhilfen der Europäischen Union die finanzielle Lage Griechenlands stabilisieren und den Schuldenstand verringern können.[53] Zwei Tage später stufte auch Standard & Poor´s wiederum die Anleihen um zwei Noten von CCC auf CC herab. Anders als Moody´s aber gab die Agentur eine negative Aussicht auf griechische Staatsanleihen.[54]

---

[49] Vgl. http://www.ftd.de/politik/europa/:drohende-pleite-fitch-schubst-griechenland-ein-stueck-weiter-richtung-abgrund/60055151.html [Letzte Einsicht: 10.03.2012].
[50] Vgl. http://www.tagesschau.de/wirtschaft/griechenland1116.html [Letzte Einsicht: 10.03.2012].
[51] Vgl. http://www.zeit.de/wirtschaft/2011-06/griechenland-euro-umschuldung [Letzte Einsicht: 10.03.2012].
[52] Vgl. http://www.welt.de/finanzen/article13485572/Fitch-stuft-Griechenland-auf-CCC-herab.html [Letzte Einsicht: 10.03.2012].
[53] Vgl. http://www.welt.de/wirtschaft/article13505637/Jetzt-wertet-Moodys-Griechenland-drei-Stufen-herab.html [Letzte Einsicht: 10.03.2012].
[54] Vgl. http://de.reuters.com/article/topNews/idDEBEE76Q0K820110727 [Letzte Einsicht: 10.03.2012].

Im Laufe des Jahres 2011 gab es keine weiteren Veränderungen des Ratings von den drei großen Agenturen Fitch, Standard & Poor´s und Moody´s. Erst am 22. Februar 2012 wurden wiederum griechische Anleihen von Fitch um zwei Stufen von CCC auf C herabgestuft. Dies ist die letzte Stufe vor dem Zahlungsausfall und wurde durch den beschlossenen Schuldenschnitt von privaten Gläubigern begründet.[55] Auch Standard & Poor´s stufte Griechenland anschließend aufgrund des Schuldenschnitts weiter auf SD (selective default) herab und damit auf die letzte Stufe vor einem völligen Zahlungsausfall. Alle Papiere die in den Schuldenschnitt mit einbezogen wurden, wurden auf D herabgestuft. Standard & Poor´s begründete die Neubenotung mit der Möglichkeit, dass Griechenland "die Anleger notfalls per Gesetz zwingen könnte, den Schuldenschnitt bei griechischen Staatsanleihen"[56] mitzutragen.

Anfang März (03.03.2012) stufte auch Moody´s die griechischen Anlagen weiter herab, sodass diese eine Wertung von C erhielten und damit einem Zahlungsausfall gleichkommt. Auch bei Moody´s wurde dieser Schritt mit dem Schuldenschnitt begründet, der für Investoren Verluste von über 70 Prozent bedeuten würde und auch nach dem Schuldenschnitt die Gefahr eines weiteren Zahlungsausfalles bestehe. Moody´s ist damit die zweite der drei großen Ratingagenturen die einen völligen oder teilweisen Zahlungsausfall Griechenlands prognostiziert.[57] Als letzte Agentur stufte auch Fitch griechische Anleihen auf RD herab, was ebenfalls einen teilweisen Zahlungsausfall bedeutet.[58] Damit erhielten griechische Staatsanleihen von allen drei großen Ratingagenturen, Moody´s (C), Standard & Poor´s (SD) und Fitch (RD) das Rating eines teilweisen oder völligen Zahlungsausfalls.

Am 13. März 2012 erhielt Griechenland erstmals seit mehreren Jahren wieder eine Heraufstufung seiner Staatsanleihen durch die Ratingagentur Fitch auf die Stufe B-. Die Ratingagentur begründete diesen Schritt mit der erfolgreichen Umschuldung nach dem Schuldenschnitt bei dem private Anleger auf 70 Prozent zustehenden Zahlungen verzichteten. Dadurch sei die Gefahr eines Zahlungsausfalles zwar gesunken aber dennoch nicht völlig

---

[55] Vgl. http://www.stern.de/news2/aktuell/rating-agentur-fitch-stuft-griechenland-weiter-herab-1790380.html [Letzte Einsicht: 10.03.2012].
[56] http://www.handelsblatt.com/finanzen/boerse-maerkte/anleihen/standard-und-poors-griechenland-ist-teilweise-zahlungsunfaehig/6262242.html [Letzte Einsicht: 10.03.2012].
[57] Vgl. http://www.spiegel.de/wirtschaft/soziales/0,1518,819011,00.html [Letzte Einsicht: 10.03.2012].
[58] Vgl. http://en.europeonline-magazine.eu/extra-fitch-rates-greek-debt-deal-as-restricted-default_196038.html?wpf_eol_mainmenu=6 [Letzte Einsicht: 15.03.2012].

aufgehoben aufgrund der weiterhin bevorstehenden Konsolidierung und der vorhandenen Staatsschulden.[59]

5.2. Kursentwicklung griechischer Staatsanleihen

Um die Entwicklung des Wertes griechischer Anleihen aufzuzeigen wird als Beispiel die Anleihe *"Griechenland EO-FLR Bonds 2006(18)"*[60] (ISIN: XS0260024277; WKN: A0GVB9), gehandelt an der Berliner Börse, benutzt. Diese Staatsanleihe wurde von Griechenland am 05.07.2006 ausgegeben bei einer Stückelung von 2.000.000 im Wert von je 1.000 Euro pro Anleihe, was einem Gesamtvolumen von 2.000.000.000 Euro entspricht. Das Fälligkeitsdatum ist dabei der 05. Juli 2018 bei einer Auszahlung von 100 Prozent. Die Zinszahlungen erfolgen alle sechs Monate.[61]

Ende November 2009 (30.11.), also vor den Ratings der drei großen Agenturen, hatte die aufgeführte Anleihe einen Prozentwert von 90,11. Dies bedeutete, die Anleihe war für einen Preis von 901,10 Euro zu erwerben bei einer voraussichtlichen Auszahlung von 1.000 Euro. Nachdem Fitch (08.12.09), Standard & Poor's (16.12.09) und Moody's (22.12.09) die griechischen Anleihen nach unten korrigierten, fiel der Kurs der Anleihen von 86,55 % (09.12.09) über 75 % (21.12.09) auf 71,695 % am 04. Januar 2010. Dies bedeutete einen Wertverlust von mehr als 20 Prozent innerhalb des Monats Dezember 2009.

Bis zur nächsten Abwertungsrunde am 27. April 2010 stabilisierte sich der Kurswert der Anleihen bei 73,084 % (26.04.10). Die Herabstufungen von Moody's (A3), Standard & Poor's (BB+) und Fitch (BBB-) beeinflussten daraufhin stark den Kursverlauf der Anleihen bis auf 61,064 % am 03. Mai 2010 und damit einem Verlust von 12,02 Prozentpunkten und damit einem prozentualen Verlust von fast 16 Prozent innerhalb von neun Tagen.

Am 15.06.2010, einen Tag nach der Abwertung griechischer Staatsanleihen auf die Note Ba1 durch Moody's lag der Kurswert bei 62,00 % und stürzte bis zum 14.07. bis auf 25,05 Prozent herab und stagnierte dort bis Oktober 2010 bis sich der Kurs wieder erholte und am

---

[59] Vgl. http://www.handelsblatt.com/finanzen/boerse-maerkte/anleihen/ratingagentur-fitch-griechenland-erhaelt-eine-bessere-note/6323526.html [Letzte Einsicht: 15.03.2012].
[60] http://www.comdirect.de/inf/anleihen/detail/uebersicht.html?ID_NOTATION=31061247 [Letzte Einsicht: 15.03.2012].
[61] Vgl. http://www.comdirect.de/inf/anleihen/detail/uebersicht.html?ID_NOTATION=31061247 [Letzte Einsicht: 15.03.2012].

07.03.2011 einen Wert von 69,62 Prozent aufwies. Nach den Ratings von Moody's (07.03.11) und S&P (30.03.11) im März 2011 durchlief die Anleihe im März und April starke Kursschwankung mit einem Hoch von 70,00 Prozent (30.03.11) und einem Tief von 24,80 Prozent am 20.04.2011. Bis zum 01. Juni stieg der Kurs dann allerdings wieder bis auf einen Wert von 57,09 Prozent.

Im Juni und Juli 2011, dem Intervall der meisten Herabstufungen griechischer Anleihen im behandelten Zeitraum, waren die Auswirkungen auf den Kursverlauf nicht so extrem wie sie bei den vorherigen Abwertungsrunden zu sehen waren. Die Auswirkungen zeigten sich erst im Laufe der nächsten Monate. Nach den Abwertungen von Moody's (Caa1 [01.06.11] und Ca [25.07.11]), Standard & Poor's (CCC [14.06.11) sowie Fitch (CCC [13.07.11]) hielten die Anleihen ihren Kurswert nahezu und hatten am 07.07.2011 einen Wert von 56,67 Prozent. Danach fiel der Kurs kurzfristig ab und lag am 20.07.2011 bei 47,00 Prozent. Nach einer wiederum kurzen Kurserholung am 28.07.2011 auf einen Wert von 59,92 % verloren die Staatsanleihen bis Jahresende einen großen Teil ihres Wertes. Nach dem zwischenzeitlichen Hoch Ende Juli fiel der Kurswert der Anleihen im August auf einen Tiefstwert von 44,98 Prozent am 26. August 2011. Nach einer kurzen Erholung des Kurses bis zum 01. September 2011 auf 51,46 Prozent, sank der Kurs der Anleihen bis Ende September auf einen Wert von 31,91 Prozent (26.09.11). Nach erneuten Kursgewinnen auf 38,86 Prozent am 03.10.2011 wurde der Kurs im November noch einmal stark nach unten korrigiert, bei einem Wert von 35,53 Prozent (02.11.2011) zu Monatsbeginn, schloss er bei einem Kurs von 31,00 Prozent am 30.11.2011.

Im Dezember 2011 stagnierte der Kurs der griechischen Staatsanleihen mit kleinen Schwankungen Mitte des Monats bei einem Dezember-Höchstwert von 31,16 % (12.12.11) sowie einem Tiefstwert von 30,75 % (14.12.11 und 21.12.11) und schloss das Jahr 2011 bei einem Kurs von 31,00 Prozent ab. Dieser Wert wurde bis zum 11. Januar 2012 beibehalten. Bis 17.01.2012 fiel der Kurs auf ein Jahrestief bei 24,00 Prozent und behielt diesen Wert bis Anfang März 2012 bei.

Die Herabstufungen Griechenlands durch Moody's (C [03.03.12]), Standard & Poor's (SD [27.02.12]) und Fitch Ratings (C [22.02.12]) hatten keine Kursveränderungen mehr zur Folge und der Kurs der griechischen Anleihen stagnierte dauerhaft bei einem Wert von 24,00 Prozent.

Man sieht, dass man die Kursentwicklungen zu einem bestimmten Anteil nach dem Rating der großen Agenturen ablesen oder erahnen lassen können. Auf Herabstufungen der griechischen Anleihen folgten in den nächsten Monaten, Wochen oder gar Tagen teilweise enorme Wertverluste der Anleihen. Insbesondere nach Werterholungen folgten, bei einer negativen Wertung durch Moody's, Standard & Poor's oder Fitch Ratings, Abstürze der Wertpapiere. So auch in der Finanzkrise im Bezug auf griechische Anleihen. Schlechtere Noten lösten wie im Dezember 2009, als Griechenland von Fitch ein Rating von BBB+ (vorher A-) erhielt, einen Kursverfall griechischer Anleihen aus und beschleunigten damit die Probleme des ohnehin finanziell angeschlagenen Staates. Innerhalb des Monats Dezember 2009 verloren griechische Anleihen mehr als 18 Prozentpunkte, was einem Wertverlust von mehr als 20 Prozent bedeutete.[62] Das Rating durch Moody's im gleichen Monat auf A2 entspannte hingegen die Lage bei griechischen Anlagen, da der Börsenhandel davon ausgegangen war, dass die Ratingagentur eine Bewertung auf die Stufe A3 ansetzen würde. Daraufhin erholten sich die Kurse leicht, bis sie wieder an Wert verloren.[63]

Auch auf die Europäische Zentralbank haben die Wertungen der Ratingagenturen Einfluss. Bis April 2010 war es nötig, ein Rating der Mindeststufe A aufzuweisen, um Kredite erhalten zu dürfen. Aufgrund der vielen Herabstufungen Griechenlands wurde diese Regel verändert um dem finanziell angeschlagenen Staat weiterhin Kredite ermöglichen zu können, so reichte eine Wertung der Stufe BBB- aus.[64]

Die Ratingagenturen haben allerdings noch mehr Einfluss auf die Kursveränderungen. Wenn ein Staat eine schlechte Benotung erhält, so schreckt dies potenzielle Anleger davon ab, in bestimmte Anleihen zu investieren was dazu führt, dass der Kurs sinkt und die finanzielle Situation dadurch nur noch verschärft wird, da der Staat zur Tilgung seiner Schulden mehr Staatsanleihen veräußern und diese mit längerfristig höheren Verlusten auslösen muss. Diese wiederum fördern höhere Schulden, was dazu führt, dass die Anleihen eine verschlechterte Benotung erhalten. In dem griechischen Beispiel sieht man, dass sich die gegenseitigen Aktionen verstärken und ein Kreislauf entsteht, der nur schwer zu stoppen ist.

---

[62] Vgl. http://www.faz.net/aktuell/finanzen/anleihen-zinsen/rating-abstufung-griechenland-beunruhigt-die-maerkte-1893305.html [Letzte Einsicht: 10.03.2012].
[63] Vgl. http://www.handelsblatt.com/finanzen/boerse-maerkte/anleihen/rating-moodys-straft-griechenland-milde-ab/3332502.html [Letzte Einsicht: 10.03.2012].
[64] Vgl. http://www.manager-magazin.de/finanzen/artikel/0,2828,688197,00.html [Letzte Einsicht: 10.03.2012].

6. Schlussbetrachtung

Es gibt nur drei Ratingagenturen die den fast den kompletten Umsatz aller Agenturen auf sich vereinen. Moody´s, Standard & Poor´s und Fitch generieren 95 Prozent des weltweiten Umsatzes. Dabei entsteht das Problem, dass ein Rating von zwei oder gar allen drei Unternehmen eine starke Einwirkung auf die Außendarstellung eines Unternehmens oder eines ganzen Staates haben. Positive wie auch negative Bewertungen von Anleihen haben daraufhin einen großen Einfluss auf die Preisentwicklung dieser Anlagen und man kann sagen, dass "der Marktmechanismus durch die oligopolistische Marktform und die fehlende Haftung der Ratingagenturen für ihre Ratingurteile außer Kraft gesetzt ist"[65] und dies "einen negativen Einfluss auf die Qualität von Ratings ausüben"[66].

Ein Problem dabei ist, dass zwar die Skalierung ihrer Ratings offen gelegt ist, wie die Benotungen zustande kommen allerdings nicht, da es sich in dem Fall um ein Betriebsgeheimnis der Agenturen handelt und somit nicht vollständig nachvollzogen werden kann, wie Bewertungen entstehen. Dies wirft Kritik in Bezug auf die Transparenz und Objektivität der Agenturen auf. Ebenso haben Erfahrungen aus der Vergangenheit gezeigt, dass Ratings nicht immer zuverlässig sind und teils gravierende Fehler gemacht werden. Die Pleite der Bank Lehman Brothers und der Verlust der durch die Anleger bei der IKB entstanden ist, haben dies gezeigt.

Bei der griechischen Finanzkrise hat man gesehen, dass kurz- und mittelfristig die Anlage, die von Griechenland ausgegeben wurden, an Wert verloren, nachdem der Staat ein schlechteres Rating von einer der drei großen Ratingagenturen erhielt. Teilweise waren die Einbrüche so dramatisch, dass die Anleihen 20 Prozent ihres Wertes verloren. Ob diese Abwertungen gerecht waren, bleibt dabei zweifelhaft, da schlechte Ratings auch dann veröffentlicht wurden, als die europäische Politik Fortschritte in den Bemühungen Griechenland finanziell zu stabilisieren.

Allerdings sind nicht allein die Ratingagenturen dafür verantwortlich. Die Frage ist, ob der Finanzmarkt nicht die Rolle der Agenturen überschätzt und sich zu sehr auf die Ratings verlässt.. Letztendlich sollen die ausgegebenen Noten nur Anhaltspunkte für wirtschaftliche

---

[65] BUSCHMEIER, Andreas: Ratingagenturen: Wettbewerb und Transparenz auf dem Ratingmarkt; Kassel 2011 Seite 216.
[66] SCHMIDT, Martin: Regulierung von Ratingagenturen - eine ökonomische Analyse; Norderstedt 2011, Seite 73.

Aspekte der Emittenten sein. Viele Ratings ziehen allerdings Spekulanten nach sich, die versuchen, Gewinne aus Wertverlusten zu beziehen und so den Teufelskreis dadurch nur noch beschleunigen.

In den meisten Fällen ist es jedoch so, dass die Agenturen keine Zukunftsprognosen erstellen, sondern nur auf bereits entstandene Veränderungen reagieren, weshalb der Chef des HWWI, Prof. Dr. Thomas Staubhaar, auch davon spricht, dass man "mit Daten aus Geschäftsberichten und volkswirtschaftlichen Kennzahlen, die für jedermann öffentlich zugänglich sind, Zahlungsausfälle"[67] mindestens genauso gut voraussehen kann, wie es die Ratingagenturen können.

Dass nun Ratingagenturen genauso gefährlich sind wie Bomben, lässt sich nicht bestätigen. Allerdings nehmen sie im gesamtwirtschaftlichen Konstrukt des Finanzmarktes eine wichtige Stellung ein und beeinflussen die Entwicklung durch ihre Benotungen dementsprechend. Durch ihre Absicherung mithilfe der Anerkennung als NRSRO und die Verankerung in Basel II haben sie auch festgelegte Zuständigkeit, weshalb auch der griechische Premierminister Giorgios Papandreou nicht unberechtigt aber dennoch etwas polemisch sagt: „Das Schicksal unserer Nation und unserer Kinder liegt in den Händen der Ratingagenturen."[68]

[67] http://www.boerse.ard.de/content.jsp?key=dokument_599012 [Letzte Einsicht: 17.03.2012].
[68] http://www.welt.de/wirtschaft/article13440332/Ratingagenturen-nehmen-Griechenland-in-Geiselhaft.html [Letzte Einsicht: 17.03.2012

7. Literaturverzeichnis

Literatur:

1. ANDRIEU, Patrick: Ratingagenturen in der Krise: Über die Einführung von Qualitätsstandards für Ratings durch die Europäische Union; Frankfurt am Main 2010.

2. BUSCHMEIER, Andreas: Ratingagenturen: Wettbewerb und Transparenz auf dem Ratingmarkt; Kassel 2011.

3. ENGELMANN, Susann: Rating-Agenturen: Ein Überblick; München 2009.

4. ROSENBAUM, Jens: Der politische Einfluss von Ratingagenturen; Wiesbaden 2009.

5. SCHMIDT, Martin: Regulierung von Ratingagenturen - eine ökonomische Analyse; Norderstedt 2011.

Internetquellen:

1. http://de.reuters.com/article/topNews/idDEBEE76Q0K820110727 [Letzte Einsicht: 10.03.2012].

2. http://de.statista.com/statistik/daten/studie/199155/umfrage/marktanteile-der-drei-grossen-ratingagenturen-weltweit/ [Letzte Einsicht: 12.03.2012].

3. http://diepresse.com/home/wirtschaft/boerse/685544/Ratingagenturen_Die-Not-mit-den-Noten [Letzte Einsicht: 06.03.2012].

4. http://en.europeonline-magazine.eu/extra-fitch-rates-greek-debt-deal-as-restricted-default_196038.html?wpf_eol_mainmenu=6 [Letzte Einsicht: 15.03.2012].

5. http://fitchratings.com.tw/en/about/history.html [Letzte Einsicht: 13.03.2012].

6. http://opus.kobv.de/ubp/volltexte/2008/2183/pdf/Reichard_I_btr08.pdf [Letzte Einsicht: 08.03.2012].

7. http://opus.kobv.de/ubp/volltexte/2008/2183/pdf/Reichard_I_btr08.pdf [Letzte Einsicht: 10.03.2012].

8. http://staatsanleihen.de/ [Letzte Einsicht: 13.03.2012].

9. http://wirtschaftslexikon.gabler.de/Definition/basel-ii.html [Letzte Einsicht: 16.03.2012].

10. http://wirtschaftslexikon.gabler.de/Definition/junk-bond.html [Letzte Einsicht] 05.03.2012].

11. http://wirtschaftslexikon.gabler.de/Definition/laenderrating.html [Letzte Einsicht: 05.03.2012].

12. http://wirtschaftslexikon.gabler.de/Definition/laenderrating.html [Letzte Einsicht: 08.03.2012].

13. http://wirtschaftslexikon.gabler.de/Definition/standard-poor-s.html [Letzte Einsicht: 09.03.2012].

14. http://wirtschaftslexikon.gabler.de/Definition/standard-poor-s.html [Letzte Einsicht: 09.03.2012].

15. http://wirtschaftslexikon.gabler.de/Definition/standard-poor-s.html [Letzte Einsicht: 09.03.2012].

16. http://www.boerse.ard.de/content.jsp?key=dokument_599012 [Letzte Einsicht: 16.03.2012].

17. http://www.boerse.ard.de/content.jsp?key=dokument_599012 [Letzte Einsicht: 17.03.2012].

18. http://www.comdirect.de/inf/anleihen/detail/uebersicht.html?ID_NOTATION=31061247 [Letzte Einsicht: 15.03.2012].

19. http://www.comdirect.de/inf/anleihen/detail/uebersicht.html?ID_NOTATION=31061247 [Letzte Einsicht: 15.03.2012].

20. http://www.dp-dhl.com/content/dam/dpdhl/investoren/de/investoren/creditor_relations/rating/dp-dhl_moody_rating_de.pdf [Letzte Einsicht: 08.03.2012].

21. http://www.faz.net/aktuell/finanzen/anleihen-zinsen/rating-abstufung-griechenland-beunruhigt-die-maerkte-1893305.html [Letzte Einsicht: 10.03.2012].

22. http://www.faz.net/aktuell/finanzen/anleihen-zinsen/rating-abstufung-griechenland-beunruhigt-die-maerkte-1893305.html [Letzte Einsicht: 10.03.2012].

23. http://www.faz.net/aktuell/wirtschaft/europas-schuldenkrise/griechenland-und-portugal-herabgestuft-die-schuldenkrise-verschaerft-sich-1970807.html [Letzte Einsicht: 10.03.2012].

24. http://www.faz.net/aktuell/wirtschaft/europas-schuldenkrise/ramschstatus-moody-s-senkt-griechenland-rating-1995707.html [Letzte Einsicht: 10.03.2012].

25. http://www.finanzen.net/nachricht/aktien/Fitch-senkt-Griechenland-Rating-auf-BB-Ausblick-negativ-1009368 [Letzte Einsicht: 10.03.2012].

26. http://www.finanzen.net/nachricht/aktien/Griechenland-Moody-s-senkt-Rating-auf-A3-778693 [Letzte Einsicht: 10.03.2012].

27. http://www.fitchratings.com/web/en/dynamic/about-us/about-us.jsp [Letzte Einsicht: 13.03.2012].

28. http://www.fitchratings.com/web_content/ratings/fitch_ratings_definitions_and_scales.pdf [Letzte Einsicht: 13.03.2012].

29. http://www.fitchratings.de/about.php [Letzte Einsicht: 13.03.2012].

30. http://www.focus.de/finanzen/news/griechenland-krise-zweifel-an-rating-agenturen_aid_502885.html [Letzte Einsicht: 16.03.2012].

31. http://www.ftd.de/politik/europa/:drohende-pleite-fitch-schubst-griechenland-ein-stueck-weiter-richtung-abgrund/60055151.html [Letzte Einsicht: 10.03.2012].

32. http://www.guardian.co.uk/commentisfree/cifamerica/2011/aug/05/us-credit-rating-downgraded-moodys [06.03.2012].

33. http://www.handelsblatt.com/finanzen/boerse-maerkte/anleihen/rating-moodys-straft-griechenland-milde-ab/3332502.html [Letzte Einsicht: 10.03.2012].

34. http://www.handelsblatt.com/finanzen/boerse-maerkte/anleihen/ratingagentur-fitch-griechenland-erhaelt-eine-bessere-note/6323526.html [Letzte Einsicht: 15.03.2012].

35. http://www.handelsblatt.com/finanzen/boerse-maerkte/anleihen/rating-moodys-straft-griechenland-milde-ab/3332502.html [Letzte Einsicht: 10.03.2012].

36. http://www.handelsblatt.com/finanzen/boerse-maerkte/anleihen/standard-und-poors-griechenland-ist-teilweise-zahlungsunfaehig/6262242.html [Letzte Einsicht: 10.03.2012].

37. http://www.manager-magazin.de/finanzen/artikel/0,2828,688197,00.html [Letzte Einsicht: 10.03.2012].

38. http://www.manager-magazin.de/finanzen/artikel/0,2828,688197,00.html [Letzte Einsicht: 10.03.2012].

39. http://www.moodys.com/Pages/atc001.aspx [Letzte Einsicht: 06.03.2012].

40. http://www.moodys.com/Pages/atc001.aspx [Letzte Einsicht: 06.03.2012].

41. http://www.moodys.com/Pages/atc002.aspx [Letzte Einsicht: 06.03.2012].

42. http://www.moodys.com/Pages/atc003.aspx [Letzte Einsicht: 06.03.2012].

43. http://www.moodys.com/researchdocumentcontentpage.aspx?docid=PBC_79004 [letzte Einsicht: 06.03.2012].

44. http://www.ndr.de/info/programm/sendungen/reportagen/ratingagenturen135.html [Letzte Einsicht: 13.03.2012].

45. http://www.sec.gov/ [Letzte Einsicht: 06.03.2012].

46. http://www.sec.gov/answers/nrsro.htm [Letzte Einsicht: 06.03.2012].

47. http://www.sec.gov/answers/nrsro.htm [Letzte Einsicht: 06.03.2012].

48. http://www.spiegel.de/wirtschaft/soziales/0,1518,665890,00.html [Letzte Einsicht: 10.03.2012].

49. http://www.spiegel.de/wirtschaft/soziales/0,1518,667548,00.html [Letzte Einsicht: 10.03.2012].

50. http://www.spiegel.de/wirtschaft/soziales/0,1518,667548,00.html [Letzte Einsicht: 10.03.2012].

51. http://www.spiegel.de/wirtschaft/soziales/0,1518,749412,00.html [Letzte Einsicht: 10.03.2012].

52. http://www.spiegel.de/wirtschaft/soziales/0,1518,819011,00.html [Letzte Einsicht: 10.03.2012].

53. http://www.standardandpoors.com/about-sp/timeline/ [Letzte Einsicht: 05.03.2012].

54. http://www.standardandpoors.com/servlet/BlobServer?blobheadername3=MDT-Type&blobcol=urldata&blobtable=MungoBlobs&blobheadervalue2=inline%3B+filename%3Dundersta nding_ratings_definitions.pdf&blobheadername2=Content-Disposition&blobheadervalue1=application%2Fpdf&blobkey=id&blobheadername1=content-type&blobwhere=1243834063620&blobheadervalue3=UTF-8 [Letzte Einsicht: 09.03.2012].

55. http://www.stern.de/news2/aktuell/rating-agentur-fitch-stuft-griechenland-weiter-herab-1790380.html [Letzte Einsicht: 10.03.2012].

56. http://www.sueddeutsche.de/geld/wie-ratingagenturen-arbeiten-daumen-runter-panik-hoch-1.1125597 [Letzte Einsicht: 10.03.2012].

57. http://www.tagesschau.de/wirtschaft/griechenland1052.html [Letzte Einsicht: 10.03.2012].

58. http://www.tagesschau.de/wirtschaft/griechenland1116.html [Letzte Einsicht: 10.03.2012].

59. http://www.welt.de/finanzen/article13485572/Fitch-stuft-Griechenland-auf-CCC-herab.html [Letzte Einsicht: 10.03.2012].

60. http://www.welt.de/print/die_welt/wirtschaft/article13009482/Rating-Agentur-watscht-Portugal-erneut-ab.html [Letzte Einsicht: 10.03.2012].

61. http://www.welt.de/wirtschaft/article13505637/Jetzt-wertet-Moodys-Griechenland-drei-Stufen-herab.html [Letzte Einsicht: 10.03.2012].

62. http://www.zeit.de/wirtschaft/2011-06/griechenland-euro-umschuldung [Letzte Einsicht: 10.03.2012].